VOYAGE A LEEDS

Par M. Adolphe SERVIER

Extrait des Archives de l'agriculture au Nord de la France

LILLE

IMPRIMERIE

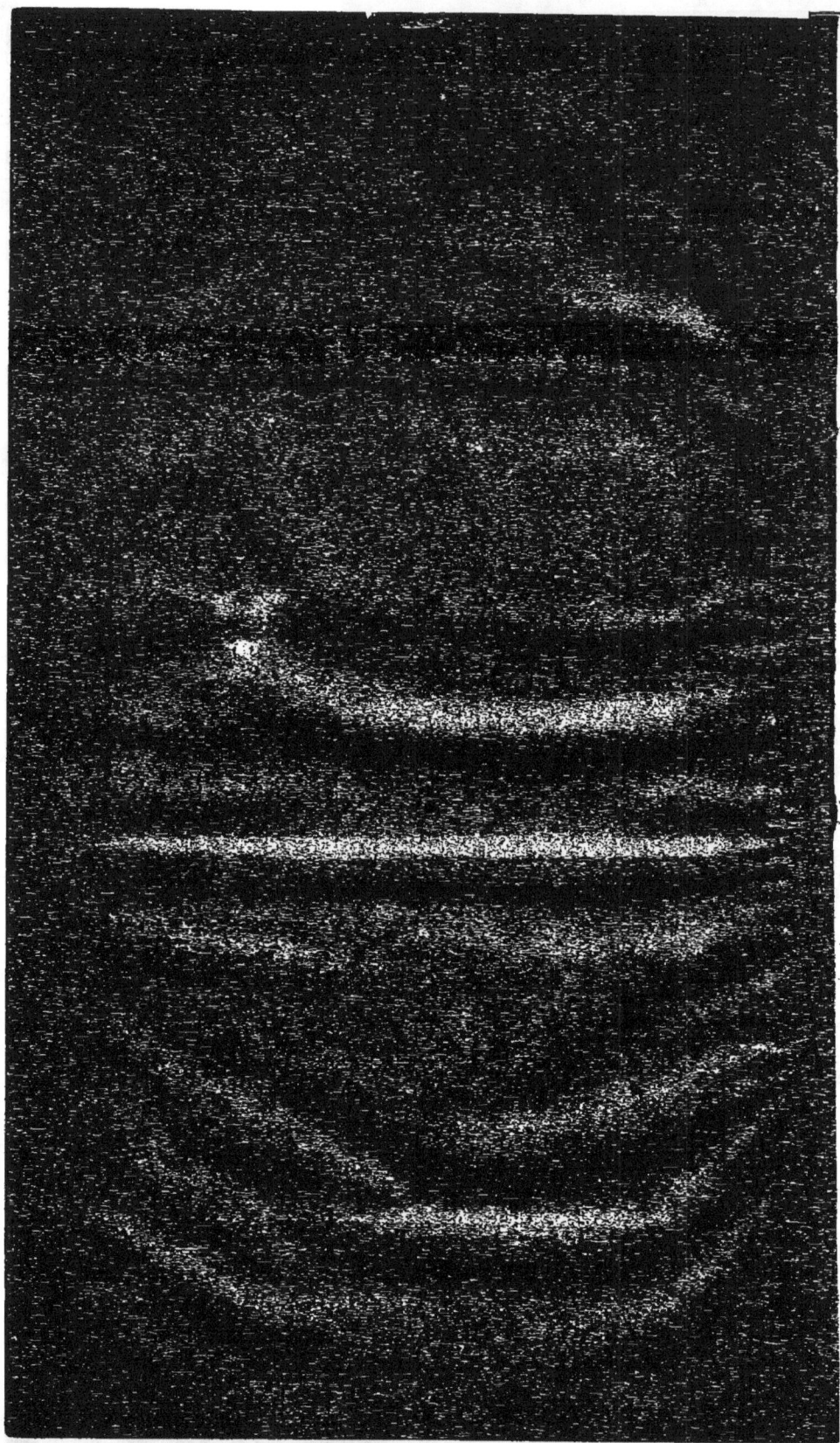

(Extrait des Archives de l'agriculture du Nord de la France, publiées par le Comice agricole de Lille).

UN VOYAGE A LEEDS

(ANGLETERRE),

PAR M. AUGUSTE SCRIVE.

MESSIEURS,

Ce fut vers les premiers jours du mois de juillet, que l'ouverture de l'exposition agricole de la Société royale du Royaume-Uni fut ouverte au public; ayant reçu une invitation, je me décidai à partir, avec le regret de n'être piloté par aucun membre du Comice de Lille; à mon arrivée je me fis de suite une idée de ce que devrait être cette fête agricole, un flot de peuple encombrait toutes les gares. A Leeds, la ville avait un aspect inaccoutumé, les couleurs nationales pavoisaient toutes les maisons, et les cloches de cette fameuse ville industrielle s'ébranlaient dans les airs annonçant au peuple ce grand jour qui révèle de nouvelles conquêtes positives, pacifiques, qui donnent la richesse et le bien-être dans un pays.

La Société royale d'Angleterre, Messieurs, a des droits à nos remerciements pour les efforts constants et désintéressés qu'elle apporte chaque année dans ses recherches à trouver l'économie et les engins les moins pénibles pour l'homme. J'arrive de suite à l'exposé et je dois remercier publiquement MM. Bernot et Cochet du concours qu'ils m'ont donné pour le travail que je vais lire.

Le parc des instruments, avec ses longues rangées de tentes disposées parallèlement, et le champ à ciel ouvert, pour les machines en mouvement, présentent beaucoup de particularités dignes

1

de remarque. L'esprit se perd dans toutes ces myriades d'ingénieuses inventions qui doivent économiser le travai. et accroître la production. Il n'y a pas beaucoup de difficultés à suivre les progrès réalisés dans leurs principales phases, et à voir comment la simplicité et la légèreté combinées à la force remplacent graduellement les mécanismes complexes et gênants du passé.

Mais, dans ce vaste atelier de machines agricoles, il y a tant de particularités que nous ne pouvons nous aventurer au-delà des résultats les plus frappants que suggère la comparaison. Il n'y a pas moyen de tenter une classification générale ; mais la division des instruments, en instruments agricoles et en instruments divers, pose d'elle-même la ligne de démarcation, et rend le travail de la comparaison moins difficile.

Le nombre des exposants y compris ceux qui ont trait au beurre, au fromage, au lin, à la laine, qui paraissent dans le même catalogue excède 6,000 ; et les instruments agricoles surpassent 2,000 ; le reste, ayant une sorte de *parenté* plus ou moins éloignée avec les instruments agricoles ou les instruments d'industrie domestique, leur donne accès dans cette Exposition. Parmi les principaux exposants, nous citerons MM. Richmond et Candler, Clayton, Hornsby, la Compagnie des instruments agricoles de Busby, Fowler, Howard, etc., etc. Jamais la science agricole ne fut plus complètement représentée, et les résultats d'une rivalité si nombreuse ne peuvent manquer d'être d'une très grande importance.

Une inspection générale des objets exposés conduit à cette conclusion, que le progrès consiste plutôt dans les perfectionnements, que dans l'invention de nouvelles machines, et nous pensons qu'il y a lieu de nous en féliciter, parce que c'était en cela que se trouvait le besoin réel.

L'impulsion primitivement donnée au perfectionnement des machines agricoles par le moyen de la concurrence causée par la liberté de commerce, s'est épuisée en grande partie dans la construction de machines compliquées et difficiles à manœuvrer, qu'il était devenu nécessaire de simplifier avant de les mettre en usage, quoiqu'elles fussent bonnes en théorie. Dans beaucoup de cas, ces machines portaient en elles le germe des perfectionnements requis, seulement elles étaient grossièrement construites, les efforts de l'inventeur se sont donc très sagement tournés vers les perfectionnements, plutôt qu'à la futile recherche de dessins nouveaux.

Il y a, néanmoins, à l'Exposition des machines nouvelles, naturellement ces inventions sont de nature diverses ; quelques-unes s'appliquent à la culture du sol, d'autres à la préparation des produits ainsi que de la nourriture, mais toutes ont pour objet la réduction du travail animal et la plus grande économie de la production.

Nous parlerons de la première de ces deux classes. Il se trouve à l'Exposition un instrument auquel nous pouvons faire allusion parce qu'il est tout-à-fait nouveau, et n'a pas encore été essayé : c'est un outil à vapeur inventé par M. Leach , de Leeds; l'inventeur s'est efforcé de combiner avec une machine locomotive un cultivateur rotatoire qui, à ce qu'il croit, réalisera un des plus grands *désidérata* de la culture , l'ameublissement complet du *sol* avec moins de frais qu'il n'a été jusqu'ici possible de l'effectuer. Nous nous bornerons donc aujourd'hui à constater qu'elle pèse 4 tonnes (1), qu'elle peut marcher à une pression de 120 livres par pouce carré (environ 8 atmosphères) et qu'elle est munie à l'arrière d'une série de bêches rotatoires ayant la forme d'un disque muni de dents en fer, disposées de façon à ne laisser aucune portion du terrain sans être remuée et pulvérisée, à une profondeur de 10 à 12 pouces. MM. Tuxfort et fils, exposent une nouvelle machine locomobile pour routes ordinaires. MM. Marschall

---

(1) La tonne pèse 1,015 kilogr.

et Carret exposent également une machine du même genre ; outre ces deux dernières machines, on peut encore remarquer un scarificateur nouveau exposé par MM. Tasker et fils, ainsi que les plans d'un nouveau système de culture à la vapeur , par Hancock.

Dans les seconde et troisième classes sont exposées plusieurs machines nouvelles pour faire les drains et briques ; celle de M. John Witchead (de Preston), Lancashire, 1er prix de 1859, fait par minute 45 briques creuses de première qualité en même temps que 75 tuyaux pour drains ayant deux pouces de creux. La seconde de ces machines est exposée par M. Bradley Craven de Westgate, près de Wakefield, cette machine prend la terre argileuse dans son état naturel , la manipule elle-même sans y ajouter d'excédant d'eau, elle produit une très bonne brique prête à être cuite au sortir de l'appareil; pour la faire fonctionner convenablement il faut une locomobile de la force de 8 chevaux qui lui permettent de faire 15,000 briques par jour; en général, toutes sont dignes d'une soigneuse inspection, mais l'agronome praticien trouvera sans doute plus profitable de diriger son attention vers les perfectionnements réalisés sur les outils qui lui sont familiers; il en rencontrera partout , et il est difficile de trouver ce que l'on doit admirer le plus, ou de l'entreprise des inventeurs ou du magnifique travail que quelques constructeurs ont exposé pour l'exposition.

Jeudi matin à 9 heures, les juges, MM. Huskinson, Thompson et Druce commencèrent leurs travaux qu'ils continuèrent jusqu'à 6 heures du soir. La pluie y mettait obstacle et le vent était froid. Les travaux persistèrent cependant jusqu'à ce que le sol fut devenu trop humide pour permettre aux semoirs de fonctionner. Tous les arrangements étaient bien pris, mais l'opération fut très lente. Pour examiner soigneusement et impartialement les mérites respectifs d'environ 20 ou 30 machines différentes, quelques-unes étant d'une construction compliquée, et toutes, présentant des différences de prix et de construction, il fallut nécessairement du temps.

Le semoir est une machine destinée à semer les diverses sortes de graines, opération que l'on exécutait autrefois à la main et que l'on appelle *semer à la volée*. Il y a environ 50 ans cependant, cette méthode, quelque pratique qu'elle soit, parut extrêmement dispendieuse et défectueuse, et graduellement, en réponse à un désir croissant, les constructeurs et les fermiers construisirent des machines pour déposer régulièrement les semences. Il est maintenant au pouvoir du cultivateur de déposer les graines de la manière la plus satisfaisante, à une profondeur voulue, en quantité convenable et à n'importe quelle distance. En outre, les engrais peuvent être déposés en même temps que la semence, lorsqu'ils sont liquides ou assez pulvérisés, ou bien ils peuvent être distribués à part, et très régulièrement.

Les premiers semoirs pour froment furent essayés en 1857, à Salisbury, et en comparant ce que nous y vîmes, avec ceux que nous voyons aujourd'hui 1861, nous croyons que peu de progrès ont été réalisés sous ce rapport; ces instruments sont déjà si parfaits qu'il reste peu de place pour les perfectionnements. Pour les non initiés nous ajouterons que l'on peut employer la *houe à cheval* après le plantage pour nettoyer les jeunes plantes, et que la semence étant déposée à une profondeur régulière, germe et mûrit uniformément, ce qui n'avait pas lieu du tout dans le bon vieux temps, car alors la moitié des graines semées à la volée tombaient dans de grandes crevasses ou n'étaient pas protégées contre les oiseaux ou la gelée. Celles de ces machines qu'on avait choisies pour en faire l'essai avaient atteint leur destination, et attendaient au pied du remblai de la voie ferrée, l'examen qu'elles allaient subir. La locomotive en passant au-dessus semblait jeter sur tout cet attirail un regard d'intelligence, comme si la perfection des machines et l'accroissement du sol pouvaient ajouter encore à son énorme puissance.

Les premiers semoirs qui furent essayés furent les semoirs pour froment. La méthode d'essai était ordinairement la suivante : d'abord, les juges inspectaient la construction de la machine et prenaient note des détails des dimensions et des prix; on y attelait ensuite les chevaux, et on la faisait fonctionner sur un sol semé d'avance. Si on la jugeait digne d'un second essai avec de la semence, on disait à l'exposant de la préparer pour l'exécution d'une opération déterminée; G. Malt-House de Grantham ; Teasdale de Burnston ; James Coultas jeune, de Grantham, Priest, etc., etc. Coultas et fils, de Grantham, fûrent d'abord appelés pour le premier essai ; quatre semoirs de ces Messieurs furent subséquemment essayés avec de la semence. La régle était de distribuer exactement 8 pecks (1) de semence par acre (117 litres par hectare).

Pour arriver à connaître si l'exécution s'accordait bien avec la déclaration, on attachait des sacs sur les godets pour toute la longueur d'un sillon; on recueillait les graines se trouvant dans chaque sac, on en constatait la quantité au moyen d'une mesure de capacité; on multipliait ensuite la largeur du semoir par la longueur du sillon parcourue pour avoir la superficie de la portion de terrain travaillé. Au moyen de ces données la constatation s'établissait rapidement. Nous croyons que Coultas et fils, Holme et fils remplirent les conditions, tandis que Coultas jeune, Priest et Woolnough approchèrent très près de les remplir. Ces machines présentent très peu de particularités dignes de remarques; le semoir d'Holmes et fils avec 14 coutres ayant 7 pieds 1/2 de large, nous a frappé sous le rapport de la bonne construction: il coûte 27 livres sterling 10 schellings(1); il n'a pas de brancards antérieurs, ce qui est du reste peu utile dans les sols légers ou moyens; le couvercle de la caisse porte un levier pour permettre au semeur de se pourvoir contre les irrégularités du terrain.

---

(1) Un peck = 9 litres 08 c.
   Un acre = 40 ares 46 centiares.

(2) Une livre=25 fr.10 c. en moyenne.—Un schelling=1 fr. 25.

Quelques-unes de ces machines reviennent sous la dénomination de *semoirs d'un emploi général*, terme pour distinguer les semoirs servant simplement pour le froment , des semoirs qui , par la simple addition ou la substitution de caisses ou de socs, peuvent s'approprier au plantage du blé ou autres graines, telles que les navets, etc., avec engrais. Pour ces derniers, les exposants furent Coultas et fils, Coultas jeune, Priest et Woolmough, R. et T. Reeves, etc., trois d'entre-eux revinrent pour subir un autre essai avec semences et engrais. Le semoir de Coultas et fils paraissait très grand et très lourd, il exécute bien son travail, mais il coûte 64 livres 15 schellings, tandis qu'un autre, celui de Coultas jeune ne coûtant que 35 livres, paraît fonctionner tout aussi bien. La disposition de la caisse est très complète : les essieux et les moyeux en fer sont un grand perfectionnement.

Quand cette première classe fut examinée, les semoirs, pour froment et autres graines, adaptés aux petites fermes furent mis à l'épreuve. Ceci formait la 2e classe.

Presque tous les mêmes exposants que ci-dessus furent de nouveau compétiteurs, ayant réduit les dimensions de leurs machines pour les adapter à la force d'un cheval. Ces semoirs coûtent, en général, de 17 à 25 livres et leur longueur varie de 4 à 5 pieds.

Le semoir de M. Hunsman nous a frappé comme un des plus légers et des plus efficaces de cette classe; mais nous ne connaissons pas l'opinion des juges à ce sujet. Les mouvements et les arrangements en sont des plus simples et le poids très minime, comparé à celui des autres semoirs. On le gouverne de l'arrière, tous ceux qui ont vu les sillons si droits et les exploitations si bien tenues qui distinguent le comté de Bedfort apprécieront cet instrument; il plante 8 routes de blé, de navets, de betteraves, et quand arrive l'époque de houer, on enlève la caisse et les socs , et on cultive les *entre-deux*, au moyen de houes qui remplacent les socs. Le prix en est de 20 livres.

Les semoirs présentés par MM. Holmes et Coultas jeune étaient excellents et travaillèrent bien. Cette classe fut terminée vendredi matin.

Les juges s'étant de nouveau rendus à l'appel de la grosse cloche de l'Hôtel-de-Ville, examinèrent la 3e classe, comprenant les semoirs pour navets et autres racines. Elle était subdivisée de la manière suivante :

1° Les semoirs destinés à fonctionner sur les sillons et sur un sol aplani, parmi lesquels étaient rangés ceux de MM. Reeves, Clack, Holmes et Kearsley.

2° Semoirs à fonctionner sur un terrain uni, seulement MM. Coultas jeune, Holmes, Priest et Woolnough, Reeves.

3° Semoirs à fonctionner sur des sillons seulement, MM. Backer, Hunt et Pickering, Gower et fils.

Celui de MM. Hunt et Pickering, était un plantoir déposant la semence par pincées et pouvant être employé de cette façon, ou converti avec un peu de travail, en un semoir ordinaire. Le mérite de l'invention consiste dans la possibilité de l'adapter à beaucoup d'autres par la simple addition d'un axe intérieur, d'un engrenage et d'un plantoir. Je ne sais pour quelle cause, cependant, il ne fonctionna pas bien, et montra une certaine disposition à broyer la semence plutôt qu'à la déposer. C'était, naturellement, un fait tout accidentel, car nous avons entendu des personnes compétentes en vanter beaucoup l'utilité.

Le champ où se trouvaient les semoirs fut pendant un instant jeté dans une certaine confusion par l'apparition d'un nouvel instrument (ce qui est toujours un grand évènement en pareille occasion). Les commissaires et les juges étaient très affairés autour de cette machine; Lord Leigh prenait une part pratique dans la direction de sa course; 4 chevaux la faisaient mouvoir. La terre que la machine rejettait d'un côté, tombait en une pluie abondante, et une queue d'admirateurs surexcités suivait en foulant le sol qu'elle avait travaillé. Elle se dirigeait le long du guéret et le confiant inventeur en dépit de toute prudence l'avait *enterrée* à une grande profondeur; de sorte qu'au milieu d'une course triomphante dans laquelle elle réduisait le guéret solide en un beau labour , à une profondeur de 4 pouces sur 2 pieds de largeur, une roue se brisa, et la foule des spectateurs se retira pour poursuivre quelque autre objet et laissa le pauvre instrument seul et abandonné. Nous nous avançâmes donc pour recueillir quelques détails et faire quelques questions ; c'était une machine à briser et à ameublir le sol par MM. Sanson et Jewell, de Jersey. Cinq socs sont placés dans un cadre disposés diagonalement entre deux véhicules et deux roues de conduite. La roue motrice communique le mouvement à deux doubles fourchettes, tournant rapidement derrière chaque soc de manière à jeter hors du sillon retourné, les racines, les mauvaises herbes qu'il contient et à les amener à la surface. Nous examinâmes une portion de travail effectué dans un champ d'éteules de seigle. Elle avait merveilleusement ameubli à 4 pouces (0,10 cent.) de profondeur, et l'opération n'avait pas semblé, nous a-t-on-dit, fatiguer beaucoup les chevaux. Cet instrument est destiné à représenter un système de culture. Le sol est d'abord ameubli par l'instrument à 2,3 et 4 pouces et ensuite est préparé pour semer,quand les mauvaises herbes ont été enlevées, par la substitution d'autres outils à la place des socs.Si elle travaille de nouveau nous en ferons mention.

Passons maintenant aux *Faucheuses.*

C'est une machine exécutant le travail de la faux dans les prairies,les luzernes et le foin; elle peut être une nouveauté pour beaucoup de nous. Elle ne ressemble en aucune façon à la faucheuse rotative des pelouses de nos jardins; c'est un corollaire et une imitation des *moissonneuses.* La partie principale est composée d'une barre de fer droite, ayant 4 à 5 pieds de long et portant un certain nombre de lames triangulaires à deux tranchants, animées d'un mouvement de vibration rapide, mais d'une course très limitée. Ce mouvement est produit par une bielle et une manivelle, et un engrenage destiné à accroître la vitesse, lequel est placé sur la roue principale de la machine. Le porte-lames est disposé perpendicu-

lairement à la direction du mouvement de la machine, de façon à
faucher sur une largeur de 4 pieds à la fois, l'herbe, qui est laissée
éparpillée ou bien recueillie en un andain latéral, par une planche
disposée à cet effet, pour permettre au porte-lames d'adapter sa
position aux inclinaisons de terrain, et de couper bien ras; il repose
sur le sol même sans être supporté par le cadre de la machine,
ou n'est supporté que par un côté, ce cadre se meut au-dessus
des inégalités indépendamment de la position des brancards. Ces
machines fauchent en moyenne un acre par heure. La coupe
des récoltes fortes et enchevêtrées s'effectue aisément, et plus
proprement et avec plus de régularité qu'aucun faucheur ne le
pourrait faire. La machine est loin de fatiguer deux chevaux et
naturellement le conducteur assis sur son siége n'a pas beaucoup
à faire. Le prix de la machine varie de 22 à 30 livres. La ressem-
blance entre la faucheuse et la moissonneuse dépouillée de son
appareil à recueillir le blé coupé, a conduit à la demande d'une
machine mixte, propre à couper les foins et les céréales; et le cultivateur peut maintenant, moyennant 25 ou 35 livres se procurer
une telle machine, quoique pour de grandes exploitations, la
simple faucheuse soit préférable.

Lors de l'essai préliminaire de mercredi et de jeudi matin, on
examina 3 faucheuses américaines de M. Cramston, de Londres ;
4 de MM. Burgess et Key de Londres; et 2 de M. Samuelson, de
Bambury ; et d'autres machines exposées par MM. Brigham et
Bickerten, Harwood, etc., etc., ainsi, il y eut une forte rivalité,
un fait digne de remarque, est, que pendant tout l'essai jusque
hier soir, un seul cas de rupture ou d'endommagement se présenta,
tandis qu'aux derniers concours, on était continuellement inter-
rompu par des accidents ce qui dénote un progrès réel dans les
détails mécaniques de la construction de cette classe de machines.

Hier matin, nous trouvâmes que l'examen matricule avait éliminé
toutes les machines à l'exception de 3 pour les faucheuses simples
et de 4 pour les faucheuses et moissonneuses. Les dernières sont

celles de MM. Burgess et Key, Cramston, Samuelson et Harwood; mais la décision du Jury sur leurs machines est ajournée, jusqu'à l'époque de la moisson prochaine où elles seront éprouvées de nouveau sous le rapport de la coupe du blé. Les trois faucheuses rivales sont celles de Cramston, Burgess et Key, et Samuelson, elles devaient faucher chacune 3 roads (1) d'une bonne récolte d'herbe, humide et défavorable pour l'opération, croissant sur un terrain un peu rude. Celles de Cramston et Samuelson complétèrent leur tâche à très peu près dans le même temps (48 minutes) tandis que celle de Burgess travaillant avec moins de précipitation, y consacra environ 1 heure. Nous ignorons ce que les juges ont pensé de l'exécution, pour notre part, nous avons remarqué les particularités suivantes : toutes les machines fauchent admirablement, quoique toutes doivent s'arrêter pour débarrasser les lames de l'herbe qui les engorgent. Burgess et Key avaient disposé leurs lames trop près du sol et arrêtèrent plus souvent qu'ils ne l'auraient dû ; leur machine a le mérite d'être assez large du cadre pour que les roues passent en dehors de l'andain sans le fouler; si elle est plus solidement construite et plus lourde à la traction que quelques autres, elle est incomparable pour sa construction et l'excellence de ses parties principales. A cause d'un malentendu, ces Messieurs envoyèrent une machine d'un nouveau modèle au concours, au lieu de celle déjà éprouvée et reconnue excellente, qui avait été amenée sur les lieux à ce dessein. La machine américaine de M. Cramston est plus légère au tirage que toutes les autres; elle est bien faite, mais elle est construite trop peu solidement pour résister au travail rude et prolongé qu'exige la coupe des fortes récoltes des foins anglais; elle exécuta bien son travail sous tous les rapports.

La faucheuse de Samuelson fit du très beau travail, mais foula trop sous ses roues l'andain dernier coupé; et quoique la méthode

(1) Un road = 10 ares 11 centiares.

d'assurer la liberté de jeu de la *barre plongeante* soit très ingé-
nieuse, nous doutons que les détails de construction soient aussi
mécaniquement parfaits et aussi durables qu'ils pourraient l'être.
Nous nous sommes opposés à toute machine qui produit en travaillant un bruit et un raclement, ce bruit étant un indice de beaucoup de frottement et d'une prompte détérioration, c'est au fermier
de se contenter ou du bon marché, ou d'exiger des qualités durables
dans ce qu'il achète.

Hier après midi l'herbe coupée donna un champ d'exercice aux
faneuses; MM. Ashley les premiers qui eussent perfectionné ce
genre de machines exposent 3 faneuses présentant quelques nouveaux et excellents perfectionnements; MM. Howard ont une machine entièrement nouvelle qui, nous en sommes certain, ne pourra
que rehausser la réputation de ces constructeurs bien connus;
M. Nicholson, M. Smith et Samuelson, des faneuses également
complètes et présentant plus ou moins de nouveautés dans les dis-
positions de détail ou de construction générale.

Les juges auront fort à faire s'ils veulent terminer aujour-
d'hui l'essai des faneuses et des rateaux à cheval. Au-delà du
champ réservé aux semoirs et de l'éteule de seigle, sont des navets
plantés sur sillons, à des distances variant de 18 à 30 pouces,
ainsi qu'un autre champ, d'où l'on découvre les ruines pittoresques
de Kirstall, et où se trouvent des navets montés sur *hersage* ; ce
champ semble avoir été semé de chiendent, pour mettre à l'épreuve
le courage des compétiteurs. Le long des guérets adjacents sont
rangées les houes à cheval : les houes d'un usage général, les
simples houes pour sillons et hersage, et les houes à dégarnir les
navets. La houe à cheval, ainsi que nous l'avons déjà dit, est une
invention qui doit sa naissance à celle des semoirs, et qui a dé-
placé depuis peu de temps beaucoup de travail manuel, ou peut-
être pour parler plus franchement, qui a pris la place du travail
manuel désertant les champs.

Environ 30 de ces instruments attendaient le signal pour se

mettre à l'œuvre, la houe de Brigg construite par Speight, dans la classe des *houes d'un usage général* paraît beaucoup attirer l'attention, quoique, naturellement, il ne siérait pas d'émettre une opinion avant que les juges aient parlé. Le mode d'attelage des chevaux, la manière dont elle marche sur la surface unie, et son bas prix sont des points à observer et à apprécier. L'invention permettant d'enterrer les socs dans la terre dure sans arrêter la marche, est une qualité qui doit lui acquérir beaucoup de faveur, et nous nous trompons fort, ou elle fera le meilleur travail dans les chiendents.

Nous devons aussi mentionner la *houe combinée* et *dégarnisseuse* de navets du Major Munn, ainsi que les houes de MM. Hill et Smith, et de Howard. Cette dernière est une excellente petite houe, très légère et se vendant bon marché; elle est manufacturée par Bond et Robinson d'Halesworth, on l'adopte aisément à toutes les largeurs, elle laboure très bien le sol.

Toutes ces houes doivent être éprouvées aujourd'hui; mais il est très douteux que les juges puissent se tirer d'affaires et obtenir leur demi congé du samedi, quoiqu'indubitablement personne n'y ait plus de droit qu'eux trois, si ce n'est peut-être les juges des *charrues à vapeur* au champ de Garforth, qui sont au travail depuis une semaine. Cela nous rappelle qu'il nous reste à dire un mot relativement à Fowler et Howard dont la compétition va bientôt être terminée si elle ne l'est déjà.

Durant ces rudes essais, les machines de MM. Howard et Fowler ont été mises à l'épreuve pour constater la superficie qu'elles peuvent travailler en un temps donné. Le résultat fut en faveur de Howard jusqu'à concurrence de quelques mètres en travaillant sur 2 acres; pour décider la question sous le rapport de la force employée à faire mouvoir l'appareil lui-même, les expériences dynamométriques doivent être faites prochainement.

La pièce de 12 acres où M. Fowler a été employé en dernier lieu, en contient environ 13 à ce qu'il paraît. Excepté un guéret, il termine son travail à 11 h. 3/4 avec 17 cartweght 1/2 de charbon, la profondeur du travail étant de 7 pouces; afin de constater la valeur du travail dans cette terre forte, 4 chevaux ont été attelés à cette charrue ordinaire, et furent incapables de la tirer à travers la portion très dure qui se trouve en bas du champ de luzerne et finirent par briser leurs harnais. Au moment de terminer j'entends le bruit que fait la machine de 12 chevaux de Fowler se rendant à l'exposition, qui éveille les dormeurs de Commercial-street, et va sans doute recevoir la médaille et la prime, mais laissons aux juges le plaisir de faire honneur à qui honneur est dû.

Ce sont les renseignements précis que j'ai pu obtenir sur ces deux constructeurs; en Angleterre, ils paraissent très satisfaits de ces outils et les appliquent aux grandes exploitations. M. Fowler seul, a déjà construit plus de cent charrues qui se trouvent répandues au loin et dans le Royaume-Uni; ces machines donnent une économie sur l'ancien système de 30 à 40 pour cent !..

Il me semble, Messieurs, que si les chiffres ci-dessus sont sincères, il y a matière à une profonde réflexion de la part de nos grands propriétaires français; en effet, je me suis souvent laissé dire et j'ai pu apprécier moi-même dans l'industrie, l'application de la machine à vapeur. En 1819 et 1820, à Lille, n'a-t-on pas mis en doute le succès de cet *infatiguable engin* premier moteur à vapeur qui devait supprimer le travail pénible du fileur à bras; en 1836, du nouveau système de filature de lin, en 1850 du teillage mécanique du lin. Eh bien ! Messieurs, où sommes-nous aujourd'hui 1862 ? Progrès, progrès, toujours progrès qui vient pas à pas, empiétant, et supprimant le travail pénible de la bête de somme. Pourquoi l'agriculture ne trouverait-elle pas les mêmes éléments d'économie que l'industrie a rencontrés ? il manque seulement un peu plus de confiance en soi-même et l'agriculture française dans dix ans aura conquis encore plus de progrès en adoptant les machines, que le génie inépuisable de l'homme fournit et lui fournira !...

Houe à cheval de William Smith, à Kettering. Fig.1. Page 171.

Machine à vanner, perfectionnée à double Ventilateur. Fig. 4. Page 173.

Houe à cheval
à double barre et roues en fonte de William Smith, Fig. 2, Page 172.

Rouleau breveté pour écraser les mottes de terre de Crosskill. Fig. 5. Page 174.

Houe à cheval (Brevetée) avec levier de William Smith, Fig. 3 Page 173.

Herse Norwégienne perfectionnée. Fig. 6. Page 175.

Herse en Fer (brevetée), Fig. 7 Page 176.

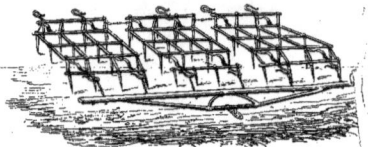

Faneuse à double action, perfectionnée. Fig. 8 Page 176.

Rateau à cheval pour le Foin, le Blé, le Chaume et le Chiendent.
Fig. 9. Page 177.

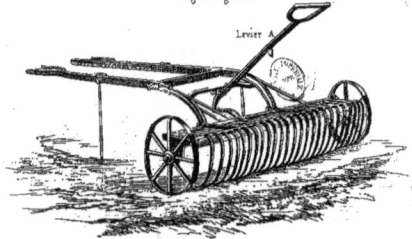

Levier A.

Moissonneuse, Américaine de Hussey. Fig. 10. Page 177.

Je vois, Messieurs, que je me suis plus étendu que je ne voulais, et crains avoir fatigué votre bienveillante attention. Je termine donc, en formant le vœu de voir propager, d'ici peu d'années, dans nos contrées, les outils économiques que nos voisins savent si bien utiliser; l'on me répondra peut-être au vœu que je forme aujourd'hui, que dans le Nord les propriétés sont morcelées : alors j'engagerai quelques cultivateurs à former une association entr'eux: ce qui se fait de l'autre côté du détroit me semble possible, pratique chez nous, et je considère que c'est le seul moyen d'arriver un jour à obtenir un résultat plus *gros*, lequel permettra aux cultivateurs de payer un peu plus l'ouvrier des champs, et éviter, en donnant un salaire plus rémunérateur, l'*émigration* vers nos grands centres manufacturiers. Voilà l'idée que me suggère la vue de tout cet attirail d'outils nouveaux, et que la force des choses forcera d'accepter dans un temps plus ou moins éloigné...

EXPLICATION DES GRAVURES.

HOUE A CHEVAL DE WILLIAM SMITH, CONSTRUCTEUR A KETTERING

La *Figure* 1 représente une perspective de l'instrument qui peut s'adapter au nettoyage de toutes sortes de récoltes plantées, telles que blé, orge, pois, fèves, navets, betteraves, quelle que soit la distance entre les routes. Ses avantages particuliers sont les suivants :

1° Il peut augmenter ou diminuer de largeur pour s'adapter à toute espèce de terrain et de méthode de planter ; les essieux étant mobiles aux deux extrémités, les roues peuvent s'écarter ou se rapprocher de manière à toujours passer entre les routes. ·

2° La conduite de l'instrument est tout-à-fait indépendante du cheval, de sorte qu'un homme peut le guider de la manière la plus satisfaisante, et détruire les mauvaises herbes sans toucher aux plantes.

Les houes (lames) sont placées sur une barre de fer forgée et peuvent se distancer de 0m 18 c. ou davantage en desserrant les vis des machoires qui les attachent à la barre; les lames des houes sont en acier et peuvent au besoin être remplacées afin d'enfoncer les houes à la profondeur nécessaire ; les leviers peuvent être placés dans une position plus ou moins oblique, en changeant simplement de trou la goupille qui traverse chacun des supports verticaux placés aux extrémités de l'essieu , par ce moyen, les lames s'inclinent plus ou moins vers le bas, de manière à pouvoir travailler les terres fortes ou les terres légères à volonté.

Les deux houes extérieures peuvent se placer exactement derrière les roues et couper ainsi le terrain que ces derniers ont foulé.

Un semoir peut être attaché à l'instrument pour les fines graines, on le met en mouvement à l'aide d'une poulie fixée sur la roue.

Prix de l'instrument : 100 fr. avec 4 houes, et 112 fr. avec 7 houes.

Houe a cheval a double barre et roue en fonte.
Figure 2.

Cet instrument est employé à nettoyer le blé, les pois, les fèves, les navets, les betteraves et autres racines, à n'importe quelle distance, que le terrain soit horizontal ou en pente. Il peut être gouverné ou guidé parfaitement, indépendamment du cheval, et sans le moindre danger pour les plantes. Il a obtenu cette mention au Concours de Sulsburg de 1857. « Cette machine a soutenu avec honneur l'essai » qu'on en a fait ; elle n'est ni grande ni incommode et le prix en » est modéré, c'est réellement un outil utile. »

Prix : 4 houes, 125 fr. ; 8 houes, 140 fr.

HOUE A CHEVAL AVEC LEVIER (brevetée).
Figure 3.

M. Smith a pris un brevet pour un appareil automateur dans lequel les houes s'élèvent ou s'abaissent, selon la nature du terrain, soit uni, soit en pente. Avec ce perfectionnement l'appareil fonctionne sur les coteaux et les rampes sans la moindre difficulté. Les houes sont placées sur deux barres de fer forgées au lieu d'une, de manière à pouvoir être posées les unes en avant des autres, ce qui les empêche de s'engorger. Les roues sont en fer forgé ce qui est préférable aux roues en fonte. Les roues forgées sont beaucoup plus grandes que les autres, et rendent la traction plus légère pour le cheval et sont moins sujettes à casser.

Prix : 212 fr.

MACHINE A VANNER PERFECTIONNÉE, A DOUBLE VENTILATEUR.
Figure 4.

Dans cette machine, M. Smith a effectué quelques perfectionnements importants. Voici en quoi ils consistent : Une planche mobile dans la trémie est tournée en arrière pendant que l'on

2

vanne, ce qui donne au grand cylindre pleine liberté de tirer toute espèce d'ordures grossières à travers la machine sans le moindre arrêt. Un secoueur est placé sous les rouleaux et rejette au dehors toutes les ordures. Vers l'arrière elle est pourvue d'un distributeur à coulisse mobile sous le cylindre, lequel distributeur peut être placé dans la situation requise, en desserrant la vis et en mettant la main dans la machine, de sorte que le vent sépare le grain parfaitement.

Prix : 290 fr.

ROULEAU EN FER, CONSTRUIT PAR CROSSKILL, DE BEVERLEY.

Figure 5.

Ce rouleau se compose de disques en fonte placés sur un même axe rond, de manière à ce qu'ils puissent tourner indépendamment l'un de l'autre. La surface extérieure de chaque disque est dentelée et porte une série de dents latérales qui agissent perpendiculairement en brisant les mottes de terre.

Pour écraser les mottes, rouler les récoltes qui commencent à croître, consolider les terres légères, etc., le mérite de ce rouleau est trop bien connu pour qu'il soit nécessaire d'en donner une longue description : Il a reçu les témoignages des plus flatteurs des fermiers de premier ordre qui en ont fait usage ; depuis qu'il est dans le domaine public, il n'a jamais été battu par aucun autre rouleau entré en concurrence avec lui. Il est impossible de trop estimer les avantages résultant de l'emploi de ce rouleau, et beaucoup d'acheteurs disent qu'il a économisé plus que son prix en une seule saison.

Usages du rouleau.

1° Pour fouler les terres légères, le blé aussitôt qu'il est semé, et aussi les terres fortes qui sont en mottes avant de herser ;

2° Pour rouler le froment sur les terres légères, au printemps après des gelées ou des vents qui ont laissé les plantes à nu ;

3° Pour écraser les mottes après une récolte de navets avant d'y semer de l'orge ;

4° Pour arrêter les ravages des vers, etc. ;

5° Pour rouler de l'orge, de l'avoine, etc., quand les plantes ont environ 0^m 07^c de hauteur ;

6° Pour rouler avant de semer des trèfles en automne, ou dans l'hiver ou le printemps, lorsque les plantes ont une tendance à sortir ;

7° Pour rouler les navets aux feuilles rudes avant de houer, lorsque les plantes sont attaquées par les vers ;

8° Pour rouler le gazon et les terres couvertes de mousses après engrais.

Quand le rouleau arrive sur le terrain on creuse un trou sous chacune des roues qui ont servi à le transporter, jusqu'à ce que le rouleau repose sur le sol : les roues peuvent alors être enlevées. On emploie le même moyen pour les replacer.

Prix :

	0^m 75^c de diamètre.	0^m 60^c de diam.
2 mètres de longueur,	450 fr.	400 fr.
1 — 80° —	410	360
1 — 70 —	380	330
1 — 50 —	340	300

Roues de transports, 50 fr. en sus.

HERSE NORWÉGIENNE PERFECTIONNÉE.

Figure 6.

Cette herse est un excellent instrument pour détacher et pulvériser la terre après labour. Son efficacité a été de beaucoup accrue par l'allongement des dents des mollettes et la construction du cadre de manière à ce que la partie antérieure puisse être dirigée de derrière indépendamment des roues latérales. On a dernièrement ajouté un important perfectionnement qui permet d'élever ou d'abaisser la roue de l'avant.

Herse en fer (brevetée).

Figure 7.

Ces herses contiennent cinq rangées de dents disposées de façon que chacune trace un sillon à part, et qu'aucune portion du terrain ne soit oubliée. Les chevaux y sont attelés par une longue barre au centre de laquelle les palonniers sont fixés. Elles sont tellement préférables aux herses en bois que ces dernières sont graduellement abandonnées dans toutes les meilleures fermes du pays.

Prix : 2 mètres 55 c. de large ,   94 fr.
     2 — 70 —   105
     3 — » —   140

Faneuse perfectionnée a double action.

Figure 8.

Le perfectionnement qui rend cette machine supérieure à toutes les autres, consiste en une disposition extrêmement simple, adaptée dans le moyeu de la roue pour faire tourner les rateaux dans l'un ou l'autre sens sans roues supplémentaires ou autres complications de mécanisme, ce qui rend cette machine l'une des plus durables de celles que l'on connaisse jusqu'ici ; cette considération

est d'une grande importance pour tous ceux qui font usage de ces
sortes d'instruments.

L'ajustement des rateaux plus près ou plus loin du sol s'effectue
aisément au moyen d'une poignée fixée sur un côté de la machine
et sous la main du conducteur. Cette machine, à cause de sa simplicité, doit être fortement recommandée à tous les cultivateurs
qui emploient des faneuses.

Prix : 375 francs.

RATEAU A CHEVAL POUR FOIN, BLÉ, CHAUME ET CHIENDENT.

Figure 9.

Cet instrument est presqu'entièrement en fer ; la construction en
est simple, et il est aisé à conduire. A peine un épi de blé ou un
brin de foin peut-il échapper à son action. On le conduit avec un
seul cheval ; le conducteur marche derrière et abaisse le levier
quand cela est nécessaire.

Prix : 160 francs.

MOISSONNEUSE AMÉRICAINE DE HUSSEY.

Figure 10.

Cette machine est tirée par deux chevaux qui marchent à côté
du blé qui doit être coupé, et sont conduits par un garçon monté
sur l'un deux. La coupe est effectuée par le mouvement rapide
d'une lame tranchante animée d'un mouvement de va-et-vient, et
mue par un engrenage placé sur la roue principale qui porte la
machine. La partie antérieure de la moissonneuse est supportée

par une petite roue qui décharge le cou des chevaux d'un poids égal. En élevant ou abaissant cette roue, la hauteur à laquelle coupe la moissonneuse peut aisément être variée.

Le blé coupé tombe sur une courte plate-forme, et un homme placé sur la machine le rejette après l'avoir formé en javelle avec un rateau ; la largeur de l'andain est de 1m 50c, et l'on peut faucher environ 40 ares par heure lorsque les chevaux marchent à la vitesse ordinaire de la charrue. On a pris beaucoup de peine pour adapter cette machine aux exigences de la culture anglaise, et les fermiers qui ne sont pas disposés à faire la dépense d'une moissonneuse automatrice trouveront cette machine très utile pour couper leurs récoltes.

Prix de cette machine perfectionnée : 525 fr.

Moissonneuse perfectionnée de W. Crosskill, a Beverley.

Figure 11.

Les chevaux suivent la machine et la font avancer au moyen d'une longue perche passant entre-eux, au bout de laquelle ils sont attelés avec des palonniers ordinaires. Le conducteur marche derrière eux, conduit et gouverne, et, à cause de la longueur de la perche (ou timon), il se rend facilement maître du mouvement de la machine, et peut la diriger n'importe dans quelle direction. La position des chevaux permet à la machine de commencer à faucher sur une partie quelconque du champ sans qu'il soit nécessaire d'ouvrir une tranchée pour son passage. La force est appliquée directement à la résistance, et les nombreux désavantages du tirage de côté dans toutes les autres moissonneuses connues jusqu'ici sont entièrement évités. Les chevaux s'accoutument bientôt à suivre la machine, et le feront sans résistance quand ils sentiront qu'elle

Moissonneuse perfectionnée de W. Crosskill, Fig. 11, Page 178.

Voiture d'Arrosage pour l'Engrais liquide de W. Crosskill, Fig. 12, Page 180.

Laveuse de Racines de W. Crosskill, Fig. 13, Page 181.

Semoir pour blé, navets et engrais, par Hensmann. Fig. 15. Page 182.

Auge pour les Cochons de W. Crosskill, Fig. 14, Page 182.

Rouleau en fonte, par Hensmann. Fig. 18. Page 184.

Semoir à Godets par Hensmann. Fig. 16. Page 183.

Scarificateur par Hensmann. Fig. 17. Page 183.

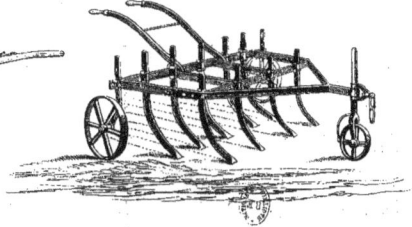

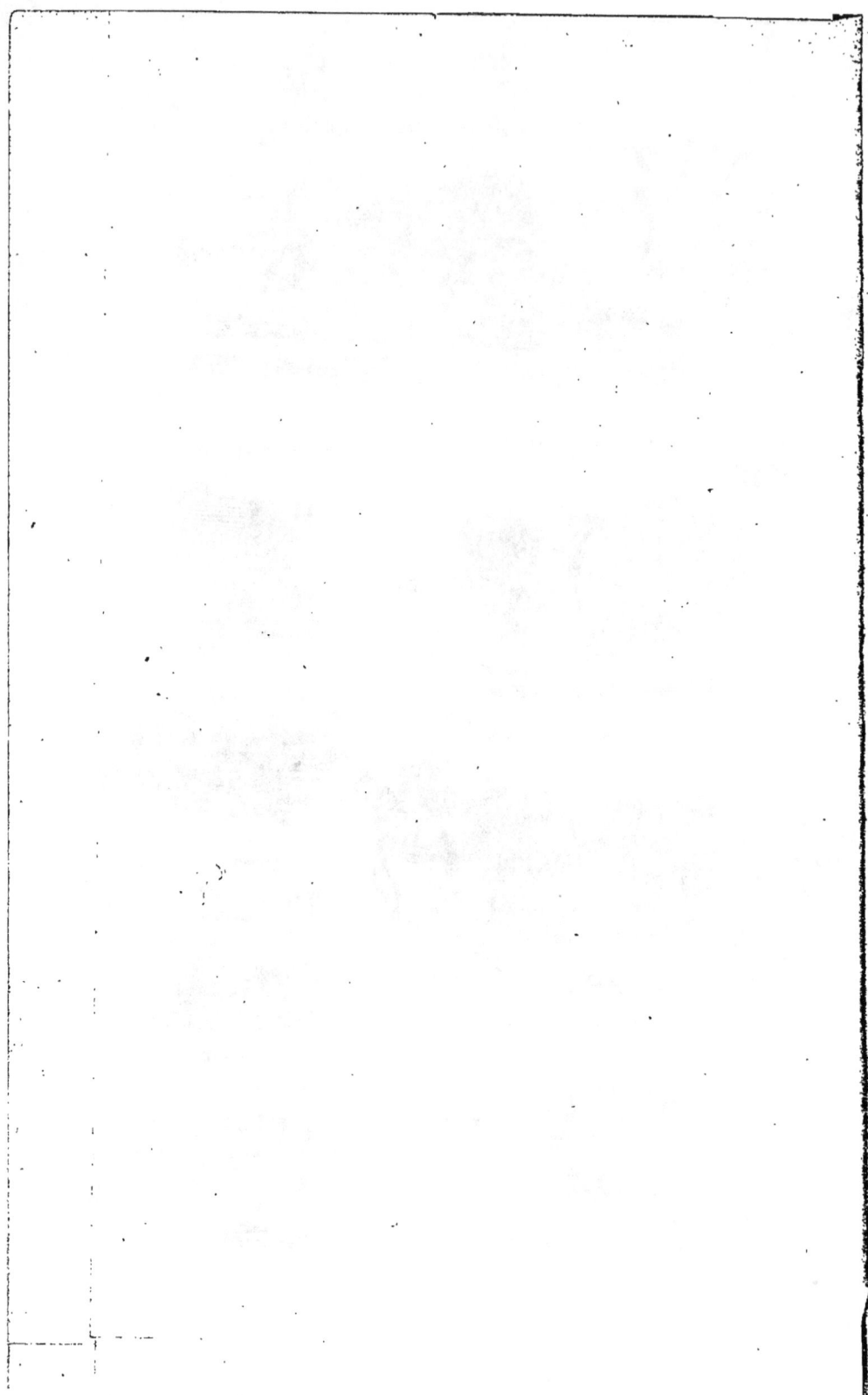

cède à leurs efforts. Le blé peut être rejeté de l'un ou de l'autre côté de la machine, et permet à celle-ci de fonctionner en allant et venant ou tout autour de la récolte droite, selon que les circonstances l'exigent. La largeur de la coupe procure largement place au passage des chevaux et du conducteur sans qu'ils marchent sur le blé coupé : il tombe sur des courroies sans fin en mouvement rotatif, qui le disposent en un andain continu, avec tous les épis d'un même côté, et prêt à être mis en gerbes. Les ailes tournent lentement pour ne pas nuire au blé et assurer sa chute sur la machine lorsqu'il est coupé.

Les principaux perfectionnements de la moissonneuse primitive qui ont été introduits dans cette machine, consistent dans l'engrenage de départ, la charpente et la construction générale, les ailes et leur mode de suspension, le mode d'application de la force des chevaux pour la propulsion, un appareil simple de distribution, et la substitution des couteaux dentelés aux ciseaux. L'effet de la dernière addition est de faire fonctionner la machine avec beaucoup moins de force, et les lames dentelées sont plus légères et moins sujettes à se déranger que les ciseaux ; elles sont aussi moins chères, et chaque machine sera pourvue de deux assortiments complets et d'une demi-douzaine de couteaux de rechange, de sorte qu'en cas d'accidents, un assortiment peut être en réparation pendant que la machine travaille avec l'autre garniture, avantage important, quand on se souvient que la coupe d'une récolte mûre est une opération qui n'admet pas d'ajournement.

Les machines à moissonner devant fonctionner sur des terrains non unis avec toutes les parties mobiles en activité, sont sujettes quand elles travaillent à beaucoup plus d'efforts et de chocs que les machines solidement fixées dans une position stationnaire, et exigent non seulement d'être construites avec les meilleurs matériaux et tous les soins que l'on peut apporter dans la main-d'œuvre, mais aussi d'avoir tous leurs boulons, leurs écrous, leurs goupilles et leurs couteaux assurés contre tout danger de se déranger, avec une précision qu'on a rarement cherché à atteindre jusqu'ici dans la mécanique agricole. Il est aussi absolument nécessaire que toutes les parties mobiles, et spécialement celles qui règlent la hauteur de la coupe, la disposition des ailes, l'appareil distributeur et le point d'attache de la perche (ou timon) où sont attachés les chevaux, soient aisément approchables et en position d'être promptement ajustées et fixées pour éviter les conséquences des vibrations, autrement il arrivera des interruptions continuelles dans le travail de la machine. Pour atteindre ce but dans la moissonneuse, tous les perfectionnements suggérés par de nombreux essais et l'expérience de neuf ans ont été soigneusement adoptés, et les agronomes qui se procurent cette machine peuvent être persuadés qu'ils ont une moissonneuse complète dans tous ses détails, et qui, avec des soins ordinaires, attaquera les plus fortes récoltes sans dérangement.

Prix pour deux chevaux : 800 fr. à l'usine.

Id.   *trois*   —   925   id.

Voiture d'arrosage pour l'eau ou l'engrais liquide, par W. Croskill. — *Figure 12.*

Le corps de cette voiture est composé de plaques en fonte soigneusement mastiquées et rivées ensemble ; elle est munie d'un simple robinet d'écoulement en cuivre, et d'un lévier pour qu'un homme puisse l'ouvrir et le fermer en marchant à côté du cheval. Cette voiture est d'un grand usage parmi les agriculteurs anglais pour distribuer l'engrais liquide et l'eau au moyen d'une planche distributrice de 1^m 80^c de long qui est suspendue à l'arrière de la voiture, et peut être placée horizontalement pour arroser sur les côteaux. Une auge avec quatre tubes flexibles peut remplacer la planche si l'on désire que l'eau soit répandue en route au lieu d'être répandue en nappe.

Prix par voiture contenant 545 litres avec pompe et tuyau élastiques : 140 fr.

LAVEUSE DE RACINES.

Figure 13.

Elle se compose d'un cylindre à jour en partie immergé dans l'eau, et renfermant une vis d'Archimède ouverte à l'une de ses extrémités. Les pommes de terre, les navets, etc., se déposent dans une trémie, d'où elles passent à l'intérieur de la machine ; lorsqu'on tourne le cylindre dans une certaine direction, les racines restent à l'intérieur et se lavent, mais quand on fait tourner le cylindre en sens contraire, la vis d'Archimède fait sortir d'elle-même les racines sans qu'il soit nécessaire de la soulever hors de l'eau comme dans les autres machines de ce genre.

Prix : 125 francs.

LAVEUSE DE FROMENT.

Le haut prix du blé, durant les quelques dernières années, a amené de l'étranger une forte quantité de grains qui exigent d'être lavés avant leur mise en usage. Cette machine est construite sur le principe de la précédente, et porte un cylindre de zinc perforé; elle est excellente pour laver les grains impurs.

Prix : 350 francs.

3

AUGE POUR COCHONS, PAR W. CROSSKILL.

Figure 14.

Cette auge circulaire, en fonte, repose sur un pivot vertical ; lorsque les cochons mettent leurs pattes dans l'auge, celle-ci tourne et leur fait perdre l'équilibre, ce qui les engage à manger plus proprement dans la suite.

Prix : 20 francs.

SEMOIR POUR BLÉ, NAVETS ET ENGRAIS, PAR HENSMAN.

Figure 15.

Il s'adapte à toute espèce de graines et semences, à toutes sortes de terrain, mais plus particulièrement aux terrains en pente. La trémie pour la semence est tout-à-fait automatrice et conserve sa position horizontale, quand on longe une côte, aussi bien que quand on la gravit ou qu'on la descend. Ainsi la distribution de la graine se fait toujours d'une manière régulière. Les roues peuvent se rapprocher ou s'écarter l'une de l'autre pour former un guide pour le retour du semeur; il peut semer de 3 à 4 hectares par jour avec deux chevaux, un homme et un garçon.

La boîte aux fines graines est quelquefois construite pour être attachée à la caisse à blé, pour que d'autres fines semences puissent être semées à la volée pendant que l'outil distribue le blé de mars. Lorsqu'on n'a pas besoin de la caisse à blé, on peut l'enlever pour la remplacer par la caisse aux fines graines pour laquelle un cheval suffit.

Un assortiment de houes acérées peut être mis à la place de coutres pour houer entre les jeunes plantes, ce qui fait du semoir une excellente houe à cheval.

SEMOIR A GODÉTS, PAR HENSMAN.

Figure 16.

Il convient à toutes les méthodes de culture, et beaucoup d'agriculteurs le préfèrent au précédent, parce qu'ils n'ont pas besoin de le soulever à l'extrémité de chaque sillon, avant de le diriger en sens contraire.

Afin qu'il puisse s'adapter en même temps aux terres fortes et légères, on a fixé sous la main du conducteur un appareil, au moyen duquel il peut exercer une pression sur les socs ou coutres, déposer la semence à une profondeur plus ou moins considérable, et qui sert en même temps à les soulever au-dessus du sol, pour tourner la machine au haut des sillons. La caisse est divisé en deux compartiments, l'un pour le blé, l'autre pour les petites graines. La distribution s'effectue au moyen de roues dentelées ; un appareil très simple sert à désengrener pendant la marche. Quand le semoir est muni d'un appareil à distribuer l'engrais, ce dernier n'est pas déposé avec la semence, mais immédiatement après et au-dessus d'elle, ce qui est de la plus haute importance quand il s'agit d'engrais puissants ; un rateau est annexé pour recouvrir la semence et la séparer de l'engrais.

Prix, 6 socs sans caisse à engrais : 530 fr.
Id. 8   —   580
Id. 10   —   630

SCARIFICATEUR, PAR HENSMAN.

Figure 17.

Tout en fer forgé, très simple, pour extirper les chiendents ; les fers sont construits de façon à ramener ces racines à la surface sans les rompre, à travailler librement sans s'engorger. On peut les distancer à volonté et les faire pénétrer à plus ou moins de profondeur.

Prix, avec 7 *socs* : 150 fr.
Id.   9 —   180
Id.   11 —   200

Rouleau en fonte.

Figure 18.

Tout en fer, à l'exception des brancards. Le dessin fait suffisamment voir les détails de sa construction.

Composé de 3 rouleaux {
diamètre : 0m 305 *prix* : 190 fr.
—   0 m 425 —   225
—   0 m 500 —   330

Lille, imp. Leleux.

WOMEN
WHO
Empower